DESCUBRAMOS PAÍSES DEL MUNDO

Descubramos FRANCIA

Jillian Powell

GARETH STEVENS PUBLISHING
A Member of the WRC Media Family of Companies

Please visit our web site at: www.garethstevens.com
For a free color catalog describing Gareth Stevens Publishing's list of high-quality books and multimedia programs, call 1-800-542-2595 (USA) or 1-800-387-3178 (Canada). Gareth Stevens Publishing's fax: (414) 332-3567.

Library of Congress Cataloging-in-Publication Data available upon request from publisher.
Fax (414) 336-0157 for the attention of the Publishing Records Department.

ISBN-13: 978-0-8368-7953-7 (lib.bdg.)
ISBN-13: 978-0-8368-7960-5 (softcover)

This North American edition first published in 2007 by
Gareth Stevens Publishing
A Member of the WRC Media Family of Companies
330 West Olive Street, Suite 100
Milwaukee, Wisconsin 53212 USA

First published in Great Britain in 2006 by Franklin Watts,
338 Euston Road, London NW1 3BH, United Kingdom.

Series editor: Sarah Peutrill
Art director: Jonathan Hair
Design: Rita Storey

Gareth Stevens editor: Dorothy L. Gibbs
Gareth Stevens art direction: Tammy West
Gareth Stevens graphic designer: Charlie Dahl

Spanish edition produced by A+ Media, Inc.
Editorial director: Julio Abreu
Chief translator: Adriana Rosado-Bonewitz
Associate editors: Janina Morgan, Carolyn Schildgen
Graphic design: Faith Weeks

Photo credits: (t=top, b=bottom, l=left, r=right, c=center)
CORBIS: cover. Eric Brading/Alamy: 13. Dex Images/Corbis: 23. Bernd Ducke/Superbild/A1 Pix: 26c. Owen Franken/Corbis: 12, 17. Gunter Gräfenhain/Superbild/A1 Pix: 8. Shaun Greenfield Photography/Photographers Direct: 11. HAGA/Superbild/A1 Pix: 27. Chris Hellier/Corbis: 19. John Heseltine/Corbis: 21b. Roger G. Howard/Photographers Direct: 16. Incolor/Superbild/A1 Pix: 7t. Buddy Mays/Photographers Direct: 20. Frederic Pitchal/Sygma/Corbis: 22. E. Poupinet/Superbild/A1 Pix: 1,14. Roy Rainford/Robert Harding: 6, 7b. Walter Rawlings/Robert Harding: 21t. Sayama/Superbild/A1 Pix: 9. Peter Scholey/Robert Harding: 4. Alex Segre/Photographers Direct: 25t. Sygma/Corbis: 26br. Guy Thouvenin/Robert Harding: 18. Horacio Villalobos/Corbis: 10. Visa Image/Robert Harding: 25b. Tim de Waele/Corbis: 24. Adam Woolfitt/Corbis: 15.

Every effort has been made to trace the copyright holders for the photos used in this book. The publisher apologizes, in advance, for any unintentional omissions and would be pleased to insert the appropriate acknowledgements in any subsequent edition of this publication.

Printed in North Mankato, Minnesota.

1 2 3 4 5 6 7 8 9 10 10 09 08 07 06

Contenido

Las palabras definidas en el glosario están impresas en **negritas** la primera vez que aparecen en el texto.

¿Dónde está Francia?

Francia es el país más grande de Europa occidental. Es tan grande que no sólo tiene dos costas largas, sino también tiene fronteras con ocho otros países.

París es la capital de Francia. Es una ciudad muy antigua en el río Sena, con muchos lugares famosos, como la Torre Eiffel y la catedral de Notre Dame.

Francia tiene costas en ambos lados del país.

La catedral de Notre Dame está en una isla en el río Sena.

Francia no comparte frontera con la Gran Bretaña, pero los dos países están unidos por un túnel debajo del agua que cruza el Canal de la Mancha.

En este mapa, se muestran todos los lugares mencionados en este libro.

El paisaje

Francia tiene muchos paisajes diferentes. Tiene colinas, planicies y valles cruzados por ríos, así como también cadenas montañosas, como los Pirineos y los Alpes. En el sur, la costa mediterránea tiene **salinas** y **pantanos**, así como playas arenosas.

El pueblo de Rocamadour está construido en la ladera de un acantilado de piedra que se eleva sobre el **desfiladero**.

Los álamos perfilan los caminos y ríos que cruzan las ricas tierras del noroeste de Francia.

Muchos turistas visitan Francia cada año. Algunos vienen a visitar su campo y otros disfrutan las bellas playas de las costas del sur y del oeste.

¿Lo sabías?

Más de una cuarta parte de Francia está cubierta de bosques.

La soleada costa del sur de Francia se conoce como la Riviera francesa.

Clima y estaciones

La mayor parte de Francia tiene inviernos fríos y veranos cálidos y soleados. Los inviernos más fríos se dan en las montañas, donde caen fuertes nevadas. Las montañas altas de los Alpes evitan que lleguen los vientos fríos del norte a la Riviera francesa que se conserva, la mayor parte del año, cálida y soleada.

La nieve de invierno del pueblo de Chamonix, cerca del Mont Blanc, lo hace un lugar popular para los deportes invernales como el esquí y el deslizamiento en tabla.

La lavanda crece bien con el clima caliente y soleado de Provenza.

A lo largo de la costa mediterránea, los veranos son normalmente calientes y secos. Las **sequías** del verano suelen provocar incendios forestales. Las lluvias caen principalmente en primavera y otoño. Algunas veces, un viento frío llamado **mistral** sopla sobre el sur de Francia, especialmente en el valle del Ródano.

¿Lo sabías?

El mistral puede soplar tan fuertemente que a veces daña las cosechas.

La gente de Francia

Los franceses son una mezcla de **culturas** diferentes. Vienen de Portugal, Rusia, el Medio Oriente, Asia y África del Norte.

Francia también tiene gente de muchas religiones. La mayoría es católica romana, pero hay algunos musulmanes y también grupos pequeños de protestantes y judíos.

Esta mujer francesa enciende velas en una iglesia católica romana.

Los populares alimentos regionales se venden en los mercados de toda Francia.

Cada región tiene sus propias comidas tradicionales y trajes típicos. El francés se habla en todos lados, pero la gente de algunas regiones también habla las lenguas locales. El vasco y el catalán se hablan en algunas partes de Francia, cerca de la frontera con España. El bretón se habla en Bretaña.

¿Lo sabías?

El francés se habla en 21 países además de Francia.

Escuela y familia

Los niños de Francia comienzan a ir a la escuela a los seis años y continúan asistiendo hasta los 16 o 18 años. El día escolar comienza a las 8:30 a.m. y termina a las 5:30 p.m. Algunas escuelas dan libre los miércoles por la tarde para que los niños participen en actividades deportivas o clubes para jóvenes.

En la mayoría de las escuelas francesas, no usan uniformes.

A las familias francesas les gusta pasar el tiempo juntas y a menudo invitan a sus parientes a las fiestas de cumpleaños y otras celebraciones familiares especiales.

Las escuelas francesas les dan a sus estudiantes un descanso para el almuerzo de dos horas. Algunos comen en la escuela. Otros vuelven a casa a comer el almuerzo con la familia y luego regresan a terminar el día escolar.

¿Lo sabías?

Muchos niños de Francia van a la escuela los sábados por la mañana.

La vida familiar es importante. El gobierno francés ayuda a las familias a que tengan un buen lugar dónde vivir y que los niños estén bien atendidos. También trata de asegurar que los padres tengan tiempo para pasarlo con sus hijos tanto en casa como en las escuelas.

Vida rural

Sólo aproximadamente una cuarta parte de los franceses vive en poblaciones rurales. Como mucha gente se ha mudado a las ciudades en busca de trabajo, muchas casas de campo o granjas se han convertido en casas de fin de semana o de vacaciones para los turistas. Muchas de estas casas tienen cientos de años.

Las uvas se han cultivado en Francia desde hace más de mil años. La región de Borgoña, en la parte central-este de Francia, tiene muchos viñedos.

El área de Calvados en la región norte de Normandía tiene muchas antiguas casas de campo.

Muchos pueblos de mercados se construyen en torno a una plaza principal con una iglesia, oficinas de gobierno y algunas tiendas pequeñas. En muchas de éstas, también hay un mercado al aire libre una vez a la semana.

¿Lo sabías?

La población francesa es una de las menos densas de Europa.

Vida urbana

La mayoría de los franceses vive en pueblos o ciudades grandes. París es la ciudad más grande y también es la capital del país, donde el gobierno francés se reúne. París tiene tiendas de moda, cafés y restaurantes, así como edificios de oficinas, fábricas, galerías de arte y museos.

Las motos son un medio de transporte común en las ciudades francesas.

París tiene un sistema de trenes subterráneos llamado "metro" (de metropolitano) que transporta a la gente sin dificultad.

París es un centro de la industria de la moda. Cannes, una ciudad de la costa mediterránea, es famosa por el festival internacional de cine que ahí se celebra cada año. Otras ciudades grandes de Francia son importantes por sus industrias locales, como la fabricación de tela en Lyon y la **manufactura** de aviones en Toulouse.

¿Lo sabías?

En la parte central de París, cada edificio está a sólo 450 metros (1,500 pies) de una estación del metro.

Casas francesas

Muchos franceses viven en edificios de apartamentos en los **suburbios** y viajan a las ciudades a trabajar. Algunos de los apartamentos de Francia recién construidos son modernos y de muchos pisos. Otros tienen más de cien años.

Los balcones de estos apartamentos de muchos pisos en Le Touquet tienen una vista del Canal de la Mancha.

¿Lo sabías?

Las residencias más magníficas en Francia son los *châteaux* o castillos. Muchos de ellos se construyeron en el siglo XVI.

Algunas de las casas de Arles, en la región de Provenza, se construyeron en tiempos de los romanos o en la Edad Media.

Las casas más antiguas de los pueblos de Francia normalmente están construidas de piedra y tienen techos de teja de arcilla, y usan persianas en las ventanas. Muchas de estas casas tienen tres o más pisos y algunas se han construido en **terrazas**.

Comida francesa

Los franceses compran comida en los supermercados cada semana, pero les gusta comprar alimentos frescos en los mercados de la calle y las tiendas pequeñas que venden quesos o pan.

¿Lo sabías?

Los franceses hacen más de 400 tipos diferentes de quesos.

Algunos franceses visitan diariamente los mercados para comprar pan y otros alimentos frescos.

Muchos restaurantes y cafés franceses tienen mesas afuera para los clientes que disfrutan de comer al aire libre.

La región del norte de Normandía es famosa por los platos que usan alimentos típicos de la localidad como manzanas y crema.

Francia es famosa en todo el mundo por su comida. Muchas regiones de Francia son conocidas por algo especial, como la mostaza de Dijon, los caracoles de Borgoña, las sopas de pescado, los cocidos de Provenza y las **crepas** de Bretaña.

El trabajo

En toda Francia la gente trabaja en bancos, tiendas, oficinas y escuelas. Algunos trabajan en fábricas haciendo autos, perfumes, vinos o quesos que se venden en todo el mundo. Las industrias principales de Francia incluyen la fabricación de maquinaria, aviones y otros equipos de transporte, **textiles**, y **electrónica**.

Los autos hechos en Francia se venden por todo el mundo.

Muchos turistas visitan Francia por sus finos alimentos y elegantes restaurantes.

En París y otros pueblos y ciudades históricos y en los **centros vacacionales** costeros, muchos turistas crean muchísimos empleos en hoteles, restaurantes y tiendas. Los atractivos turísticos, como las galerías de arte y los museos, también proporcionan empleos.

¿Lo sabías?

Más de 60 millones de turistas visitan Francia cada año.

La diversión

Los deportes más populares de Francia incluyen fútbol, tenis, carreras de autos y ciclismo. Cada año Francia es la anfitriona de eventos internacionales como el torneo Abierto de tenis de Francia, el Gran Premio de Le Mans y la carrera de bicicletas *Le Tour de France.*

Los ciclistas vienen a Francia de todas partes del mundo a competir en la famosa carrera de bicicletas, *Le Tour de France.*

Boules **(o bochas), un tipo de boliche que se juega afuera, es un juego popular en todos los poblados de Francia.**

Los franceses también disfrutan del cine, del teatro y de las exhibiciones de arte.

Francia tiene fiestas y festivales todo el año. La gente a menudo lleva trajes típicos durante estos eventos y los celebra cantando, bailando y comiendo.

¿Lo sabías?

Francia tiene más de 400 festivales. En algunos, se celebran las comidas como salchichas, caracoles y ancas de rana.

Esta mujer lleva un traje típico bretón para un festival religioso de Bretaña.

Francia: datos

- Casi 61 millones de personas viven en Francia. Más de dos millones de ellos viven en París.
- Francia es una **república**. El presidente es el **jefe de estado**, y el primer ministro dirige el gobierno.
- La isla de Córcega, frente a la costa oeste de Italia, y algunos territorios en el extranjero, como las islas del Caribe de Guadalupe y la Martinica, son parte de Francia.
- Francia es miembro de la Unión Europea.

A la bandera francesa algunas veces se le llama "tricolor" porque tiene tres franjas iguales de colores: rojo, blanco y azul.

Francia utiliza la moneda europea, los euros y centavos: Esta moneda muestra la cruz de un centavo de euro francés.

La Torre Eiffel en París se enciende con fuegos artificiales para celebrar el 14 de julio de 1790, día en que Francia se convirtió en república.

¿Lo sabías?

El nombre de Francia viene de los francos, gente que vivió ahí después de la caída del Imperio Romano.

Glosario

centros vacacionales – lugares, normalmente cerca de lagos o mares, que brindan alimentación, hospedaje y entretenimiento para sus visitantes

crepas – panqueques delgados como el papel

culturas – grupos de personas o naciones específicas que comparten los mismos antecedentes y creencias básicas dentro de cada grupo

desfiladero – cañón o pasaje profundo y estrecho de costados empinados

Edad Media – época medieval, más o menos entre los siglos quinto y décimo quinto

electrónica – equipo y partes del equipo que se elaboran utilizando tecnología electrónica o de computación

jefe de estado – representante principal de un país

manufactura – elaboración de algo en una fábrica

mistral – viento fuerte y frío que sopla desde los Alpes por el sur de Francia

pantanos – áreas de tierra bajas, inundadas y cenagosas

república – tipo de gobierno en el cual las decisiones las toma la gente del país y sus representantes

romano – ciudadano de la Antigua Roma

salinas – áreas planas con una capa de sal que se queda después de que el agua salada se seca

sequías – largos períodos sin lluvia que dañan tanto las plantas como los animales que viven en el área afectada

suburbios – áreas fuera de las ciudades grandes, compuestas principalmente de construcciones donde vive—pero, no trabaja—la gente

terrazas – niveles o capas en escalones

textiles – materiales hechos de hilos, telas, o tejidos

Para más información

France Homework Links (para niños)
www.woodlands-junior.kent.sch.uk/homework/france.html

Fun French
www.primaryfrench.co.uk

Time for Kids: France
www.timeforkids.com/TFK/hh/goplaces/main/0,20344,491045,00.html

Welcome to France
www.info-france-usa.org/kids/

Nota del editor para educadores y padres: Nuestros editores han revisado cuidadosamente estos sitios Web para asegurarse de que son apropiados para niños. Sin embargo, muchos sitios Web cambian con frecuencia, y no podemos asegurar que el contenido futuro del sitio seguirá satisfaciendo nuestros estándares altos de calidad y valor educativo. Se le advierte que se debe supervisar estrechamente a los niños siempre que tengan acceso al Internet.

Mi mapa de Francia

Fotocopia o calca el mapa de la página 31. Después, escribe los nombres de los países, extensiones de agua, regiones, ciudades y zonas terrestres y montañas que se listan a continuación. (Mira el mapa de la página 5 si necesitas ayuda.)

Después de escribir los nombres de todos los lugares, ¡colorea el mapa con crayones!

Países
España
Francia
Gran Bretaña
Italia

Extensiones de agua
Canal de la Mancha
Mar Mediterráneo
Océano Atlántico
río Ródano
río Sena

Regiones
Borgoña
Bretaña
Normandía
Provenza

Ciudades
Arles
Cannes
Chamonix
Dijon
Le Mans
Le Touquet
Lyon
París
Rocamadour
Toulouse

Zonas terrestres y montañas
Alpes
Mont Blanc
Montes Pirineos
Riviera francesa

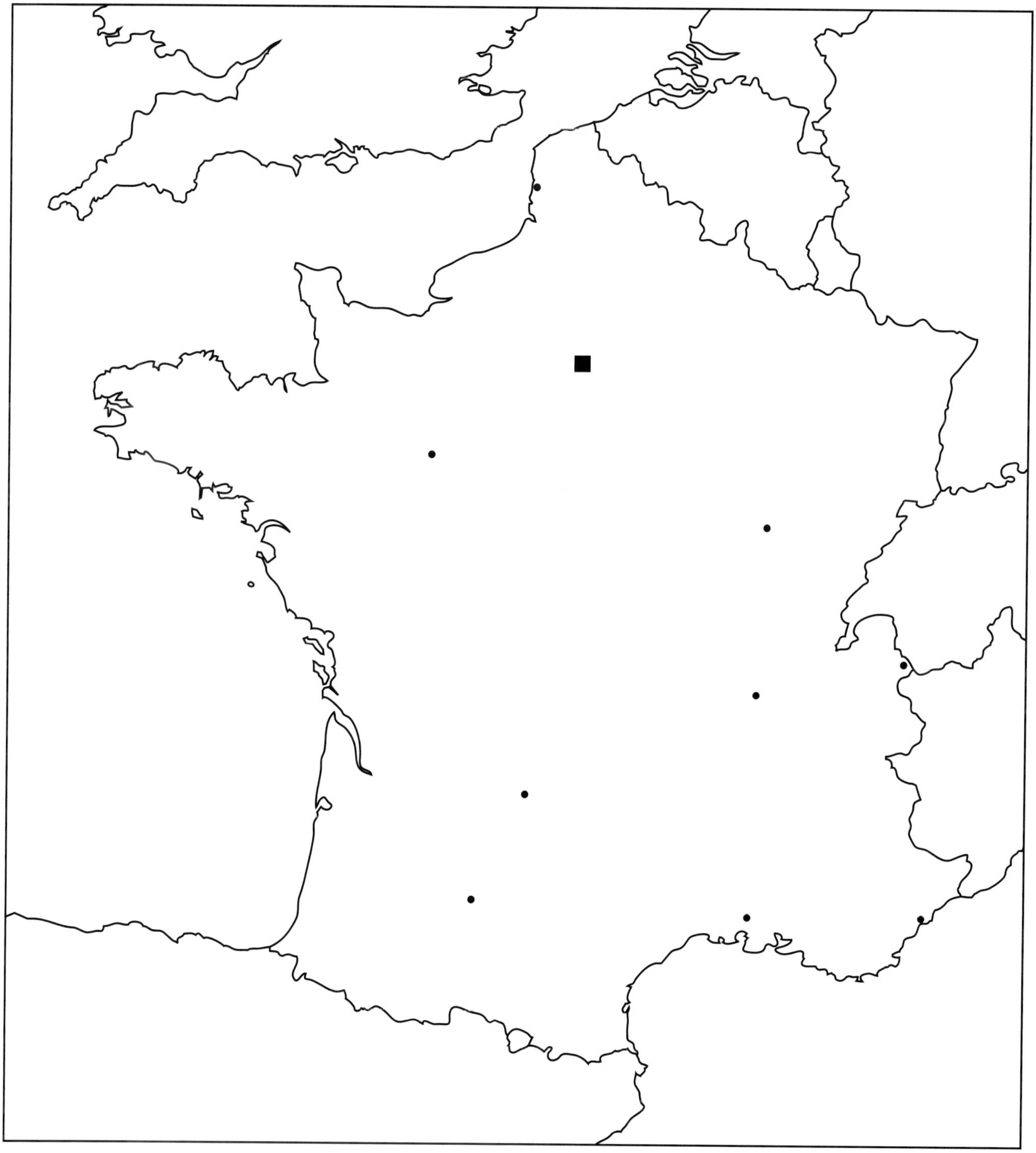

Índice